Ich bin Millionär...

...und Sie werden es auch sein

ein modernes Drama

Widmung:

Ich bedanke mich bei meiner Frau Sarah, ohne Dich wäre ich nie so weit gekommen.

Martin Gedyk

Ich bin Millionär

und Sie werden es auch sein

.

Bibliografische Information der Deutschen Nationalbibliothek:
Die Deutsche Nationalbibliothek verzeichnet diese Publikation in der Deutschen Nationalbibliografie; detaillierte bibliografische Daten sind im Internet über http://dnb.dnb.de abrufbar.

© 2019 Martin Gedyk

Herstellung und Verlag: BoD – Books on Demand, Norderstedt

ISBN: 978-3-7494-1009-5

Inhaltsverzeichnis

Intro:

Zitat:

Alles ist Energie! Gleiche Dich der Frequenz der Realität an, die Du möchtest und Du kreierst diese Realität. Das ist keine Philosophie. Das ist Physik!

-Albert Einstein

Akt I:

Das Drama

Wo stehen Sie heute im Leben? Und wo wollen Sie hin? Da Sie dieses Buch gekauft haben, sind Sie nur aus einem Grund hier... Sie wollen reich werden. Was unterscheidet Sie von den "Reichen"? Es ist Ihre Lebensart, Ihr Denken und Ihre Art zu sprechen.

Lesen Sie folgendes doch einfach laut:

"Ich werde mein Leben verändern! Das Geheimnis steckt in mir. Es ist mein Wille zu handeln"

Sicherlich kennen Sie viele Menschen die reich werden möchten, aber nicht bereit sind etwas dafür zu tun. Sätze wie: "Ich würde mich ja selbstständig machen, aber das ist nicht sicher", spiegeln den "Geist" den sie selbst rufen.

Vielleicht kennen Sie auch diesen Satz: „Wir kleinen Leute, wir können doch gar nichts machen..." - auch dieser Mensch wird niemals mit dieser Einstellung an sein Ziel kommen, denn er hat bereits den Krieg vor der ersten Schlacht verloren.

Wie läuft es so in Ihrem Job, haben Sie nette Kollegen und einen netten Chef? Einmal im Jahr haben sich auch alle lieb auf der Weihnachtsfeier, toll. Freut mich für Sie.

Oder ist Ihr Chef doch nur der "Arsch" der die Kohle in Schubkarren heimbringt, während Sie die ganze Arbeit machen und in Wahrheit wäre er nie so weit gekommen ohne Sie? Haben Sie sich denn einmal gefragt was Ihr Chef besser macht als Sie? Schließlich schleift der doch das Geld nach Hause und Sie nicht.

In dieser Situation befinden sich die meisten Arbeitnehmer. Sie leben höchstens von ihrem Mittelstandsgehalt von Monat zu Monat und beklagen sich ständig über die Arbeit, der sie nachgehen müssen. Müssen Sie dort arbeiten wo sie es gerade tun? Wer zwingt Sie? - Nur Sie selbst.

Auf meinem Weg wurde mir nur langsam klar:

Dass ich falsch programmiert war.

Denn auch ich war der Ansicht, dass ich es nicht schaffen werde. Sind Sie es auch? Hier kommt die gute Nachricht:

Sie haben bereits in eine Veränderung investiert. Verfolgen Sie diesen Weg weiter.

Akt II:

Die Entscheidung

Wir leben im Kapitalismus:

Sie sind entweder Kapitalist oder Arbeiter. Falls sie nicht im System ersaufen wollen, entscheiden Sie selbst. Denn nur Sie sind es, der dafür verantwortlich ist, was Sie jetzt sind. Und Sie sind es auch, der dies jederzeit ändern kann. Treffen Sie eine Entscheidung - und handeln Sie danach.

Es gibt viele Wege zum Reichtum. Was darf es sein? Interessieren Sie sich für Sport? - Dann handeln Sie doch einfach mit Sportbedarfsartikeln. Wenn Sport nicht ihr Ding ist, handeln Sie doch mit etwas das Sie selbst gerne kaufen. Melden Sie ein Gewerbe an, kaufen Sie ihre Ware ein und verkaufen Sie sie wieder. Es erwartet Sie ein Milliardenmarkt. Holen Sie sich ihr Stück vom Kuchen. Ach, das macht doch schon jeder, werden Sie vielleicht sagen...

Sind Sie vielleicht musikalisch? In der heutigen Zeit können Sie ihre Musik über das Internet sofort mit der ganzen Welt teilen und Sie können es schaffen Millionen zu verdienen, mit nur einem Lied. Ach, Musiker gibt es auch schon so viele...

Nun gut, wie wäre es, wenn Sie ein Schnellrestaurant eröffnen? Pizza, Pommes und Co. locken mit hohen Margen und erfreuen sich immer höchster Beliebtheit und wenn Sie es richtig machen, wird vielleicht eine neue Fast-Food-Kette entstehen. Nein? Ist Ihnen das Risiko vielleicht zu hoch?

Eventuell sind Sie handwerklich begabt? Dann können Sie ihr Wissen gewinnbringend verkaufen.

Letzter Versuch: Nehmen Sie sich doch bitte ein Blatt Papier und einen Stift zur Hand. Schreiben Sie zwei Dinge auf, die Sie gerne tun. Nun wählen Sie eines der beiden Dinge aus und tippen diesen Begriff in eine von Ihnen favorisierte Suchmaschine im Internet ein. Sie werden vermutlich tausende von Internetseiten rund um Ihr Hobby finden, sowie ebenso viele Möglichkeiten, das was Sie gerne tun, zu Geld zu machen. Sie können mit allen legalen Waren Millionär werden. Kaufen Sie etwas und verkaufen Sie es wieder zu einem höheren Preis.

Sie müssen nur eine Entscheidung treffen, diesen Weg beschreiten zu wollen.

Werden Sie Kapitalist. Wenn Sie sich weiterhin pro Stunde bezahlen lassen, werde Sie es nicht schaffen. Sie müssen auch nicht gleich Ihren Job kündigen. Starten Sie Ihr Business klein und vergrößern es stetig.

Den Spruch kennen Sie aber: "Die machen aus Scheisse Geld" -

Ich, kann das ...und ich sage Ihnen:

"Das können Sie auch".

Sagen Sie es selbst:

"Ich kann das"

Wiederholen Sie diesen Satz beliebig oft. Entscheiden Sie sich ihr Leben zu verändern. Achten Sie mal darauf wie oft die Menschen sagen: "Ich kann das nicht." - Ich sage dann immer: "Dann lerne es doch!" - Und Sie können alles lernen. Alles was Sie tun müssen ist Ihre innere Einstellung zu ändern.

Akt III

Der Weg

Es heißt: Der Weg ist das Ziel.

Ein Beispiel aus einer Geschichte:

Der berühmte Erfinder Leonardo, ist eines Morgens aufgestanden und dachte sich: "Oh - hier habe ich ein paar Bretter und Nägel, die hämmere ich jetzt mal aneinander..."

Nach 8 Stunden hämmern, kam seine Frau zu Tür herein und sagte: "Was machst Du dafür sinnloses Zeugs, komm doch zu Tisch."

Nachdem seine Frau zur Tür heraus war, ärgerte er sich tierisch über Ihre Respektlosigkeit und schmiss seine Konstruktion zum Fenster hinaus. Zu seinem Erstaunen, fiel diese nicht zur Boden, sondern durch eine Windböe begünstigt, auf das Dach des Hauses auf der anderen Seite der Straße. Leonardo setzte sich anschließend zu seiner Frau an den Tisch und sie sagte: "Leonardo, was grinst Du denn so, das ist doch nur Suppe." Leonardo antwortete: "Schatz, ich liebe Dich ...ich habe ein Fluggerät erfunden."

Die Mathematiker unter Ihnen werden nicht ausschließen können, dass es sich tatsächlich so zugetragen haben kann, jedoch wissen Sie auch, dass die Wahrscheinlichkeit dafür sehr gering ist.

In Wahrheit hat Leonardo eine Vision gehabt, ein klares Ziel. Er beobachtete die Vögel am Himmel, und war sich sicher etwas zu bauen, dass es den Menschen ermöglichen würde durch die Lüfte zu schweben. Er hatte also ein Ziel, und musste nur noch einen Weg finden an sein Ziel zu kommen. Besessen von seinen Zielen, fand er auch Wege, diese zu erreichen.

Ich laufe mal los und schaue, wo mich meine Füße hintragen, funktioniert also aller höchster Wahrscheinlichkeit nach nicht. Vergessen Sie also bitte schnell den Spruch. Sie müssen erst wissen wo die Reise hingeht, bevor Sie dorthin gelangen können.

Akt IV

Der Visionär

Der erste Schritt zum Erfolg ist eine Vision, ein Ziel. Was wollen Sie erreichen? Oder wie ist Ihre Zahl? Wieviel Geld müssten Sie auf der hohen Kante haben, um so zu leben wie Sie es möchten. Wie möchten Sie dann leben und was brauchen Sie dafür?

Sie brauchen nur Ihre Vorstellungskraft.

Definieren Sie Ihre Ziele. Zum Beispiel: Ich will ein Unternehmen führen, ein großes Haus besitzen, ein schickes Auto, ein zweites Haus im warmen Süden und eine Zahl X auf meinem Bankkonto.

Tun Sie es jetzt. Auf geht's. Legen Sie sich fest.

Nehmen Sie sich hierfür Zeit und schreiben ihre Vision auf ein ordentliches Blatt Papier. Hängen Sie diese anschließend, für Sie gut sichtbar, z.B. neben ihrem Monitor auf.

Anschließend bringen Sie ihre Ziele auf kleine Zettel und hängen einen davon an Ihren Spiegel im Bad und an weitere Orte Ihrer Wahl. Nutzen

Sie ihr Telefon für Erinnerungen an ihre Ziele. Sie werden nun täglich daran erinnert werden was Sie wirklich wollen und automatisch nach Wegen suchen ihre Ziele zu erreichen. Wie funktioniert das?

Ganz einfach: Programmieren Sie ihr Gehirn auf ihre Ziele.

Denken Sie mal an das Autofahren. Woran denken Sie so dabei? - und trotzdem fahren Sie unfallfrei jeden Tag. Die Tätigkeit wird von ihrem Unterbewusstsein ausgeführt. Und sie können dieses auf alles trainieren.

Es ist wichtig das ihre Ziele zur ihrer festen Überzeugung werden und nichts und niemand kann Sie daran hindern, ihre Ziele zu erreichen. Und das geht nur wenn Sie ganz genau wissen, wie ihre Ziele aussehen und sich diese ständig vor Augen führen.

Jede Erfindung beginnt mit einem Gedanken, mit der Vorstellungskraft etwas zu erschaffen. Kein Hindernis ist zu hoch und keine Aufgabe der wir nicht gewachsen sein können im Laufe der Zeit. Trotzdem nutzen wir nur einen kleinen Prozentteil unseres Potentials.

Ihr Gehirn ist Ihre Festplatte. Und niemand kennt das Ende "Ihrer" Kapazität. Nutzen Sie Ihre größte Waffe zu Ihrem Vorteil.

Eine kleine Übung:

Schließen Sie doch einfach mal ihre Augen, nachdem Sie die nächsten Zeilen gelesen haben, atmen Sie tief durch und stellen Sie sich vor wie Sie in Ihrem Traumhaus am Strand sitzen und Ihnen eine warme Brise über Ihre Haut weht... Sie haben Ihre Ziele bereits erreicht. Sie sind Millionär. Fühlen Sie es. Tun sie es einfach. Sagen Sie zu sich selbst: "Ich bin Millionär"

Schauen Sie sich Ihre Ziele mit dieser kleinen Visualisierungsübung 2-mal am Tag an, am besten morgens und abends. Fühlen Sie wie es sich anfühlt den Erfolg bereits zu haben, den Sie sich zum Ziel gesetzt haben. Dieses Gefühl muss und wird sich in Ihrem Unterbewusstsein festsetzen und Ihnen helfen zu handeln.

Akt V:

Carpe Diem

In einem Buch eines bekannten amerikanischen Psychologen beschreibt dieser den Weg zum Erfolg:

Zitat:

"Um in einer Disziplin Meister zu sein, sind im Durchschnitt 10.000 Stunden Training nötig und jeder kann es schaffen." Er bezog sich auf alle Arten von Meisterschaft.

Sie müssen also trainieren um an Ihr Ziel zu gelangen. Hier kommt der leichte Teil. Sie haben richtig gelesen. Ich wette Sie sind ein fleißiger Arbeiter und Ihr Chef ist sehr zufrieden mit Ihrer Arbeit. Er gibt die Regeln vor und Sie befolgen diese, richtig? Also ganz einfach!

1. Befolgen und trainieren Sie diese Regeln:

2. Schreiben Sie Ihre Ziele auf, halten Sie daran fest und visualisieren Sie diese. Jeden Tag – z.B. morgens und abends.

3. Ändern Sie Ihre Programmierung. Trainieren Sie ihr Gehirn auf Erfolg, mit

ständiger Wiederholung von Sätzen wie: Ich kann das. Ich schaffe das. Mir geht's gut. Ich bin reich. Ich bin Millionär, ich bin dankbar, ich bin kreativ, ich fühle mich gut, ich verdiene es. Bombardieren Sie Ihr Gehirn mit Affirmationen. Befreien Sie sich von dem Gedanken, dass Sie etwas nicht können. Nutzen Sie das Internet zum Training, nicht nur zur Unterhaltung.

4. Eignen Sie sich das Wissen an um Ihre Ziele zu erreichen, aus allen erdenklichen Quellen. Sprechen Sie mit Menschen die bereits selbständig und erfolgreich sind und lernen Sie von ihnen.

5. Nutzen Sie ihre Zeit zum Training und fragen Sie sich immer wieder: Was ist der nächste Schritt auf meinem Weg zum Ziel? Führen Sie anschließend den nächsten Schritt aus.

Mit diesen einfachen Methoden werden Sie es schaffen ihr Leben zu verändern. Erschaffen Sie ihre Realität, ihren finanziellen Erfolg und das nötige Selbstbewusstsein um dies umzusetzen. *Sie sind - was Sie von sich selbst denken.* Jeder fängt klein an.

Zunächst entsteht die Vision in Ihrem Kopf, anschließend handeln Sie intuitiv und ohne zu zögern. Setzen Sie Ihre Ideen einfach um.

Genießen Sie die Möglichkeiten, recherchieren Sie die Notwendigkeiten. Fangen Sie jetzt an.

Nehmen Sie Ihr Schicksal selbst in die Hand.

Was ist Ihr nächster Schritt?

Trainings Affirmationen für Ihr Unterbewusstsein:

Ich bin reich
Ich bin Millionär
Ich ziehe Geld an
Geld fließt mir zu
Ich bin wohlhabend
Ich liebe Geld
Geld liebt mich
Ich habe eine glückliche Hand bei meinen finanziellen Entscheidungen.
Ich bin glücklich
Ich gehe gut mit Geld um.
Ich bin bereit neue Einkommensquellen zu erschließen
Ich erschaffe meine Realität
Ich generiere passives Einkommen
Ich bin reich
Ich bin erfolgreich
Ich bin lukrativ
Ich bin für immer reich
ich bin sehr wohlhabend
ich habe sehr viel Geld
Ich bin dankbar
Ich bin dankbar für meinen finanziellen Erfolg
Ich lebe in Frieden mit meinem Wohlstand
Neues zu erschaffen fällt mir leicht.
Ich denke stets positiv
Ich bin reich
Ich bin Millionär.

Trainings Affirmationen für Ihr Unterbewusstsein:

Ich bin reich
Ich bin Millionär
Ich ziehe Geld an
Geld fließt mir zu
Ich bin wohlhabend
Ich liebe Geld
Geld liebt mich
Ich habe eine glückliche Hand bei meinen finanziellen Entscheidungen.
Ich bin glücklich
Ich gehe gut mit Geld um.
Ich bin bereit neue Einkommensquellen zu erschließen
Ich erschaffe meine Realität
Ich generiere passives Einkommen
Ich habe mehrere Einkommensquellen
Ich bin reich
Ich bin erfolgreich
Ich bin lukrativ
Ich bin für immer reich
ich bin sehr wohlhabend
ich habe sehr viel Geld
Ich bin dankbar
Ich bin dankbar für meinen finanziellen Erfolg
Ich lebe in Frieden mit meinem Wohlstand
Neues zu erschaffen fällt mir leicht.
Ich denke stets positiv
Ich bin reich
Ich bin Millionär.

Trainings Affirmationen für Ihr Unterbewusstsein:

Ich bin reich
Ich bin Millionär
Ich ziehe Geld an
Geld fließt mir zu
Ich bin wohlhabend
Ich liebe Geld
Geld liebt mich
Ich habe eine glückliche Hand bei meinen finan-
ziellen Entscheidungen.
Ich bin glücklich
Ich gehe gut mit Geld um.
Ich bin bereit neue Einkommensquellen zu er-
schließen
Ich erschaffe meine Realität
Ich generiere passives Einkommen
Ich habe mehrere Einkommensquellen
Ich bin reich
Ich bin erfolgreich
Ich bin lukrativ
Ich bin für immer reich
ich bin sehr wohlhabend
ich habe sehr viel Geld
Ich bin dankbar
Ich bin dankbar für meinen finanziellen Erfolg
Ich lebe in Frieden mit meinem Wohlstand
Neues zu erschaffen fällt mir leicht.
Ich denke stets positiv
Ich bin reich
Ich bin Millionär.